Klick! 7

Arbeitsheft

Schreiben
Lesen

Herausgegeben von
Dorothee Braun

Erarbeitet von
Heike Huck, Catherine Jaulgey,
Gabriele Klaßmann, Dagmar Maurer,
Rosa Regenscheit, Siegfried Wengert,
Margarete Westermeier, Miriam Wiedner

Inhaltsverzeichnis

Ein Formular ausfüllen

Der Wettbewerb

Ein eigener Comic

Robin Keller ist 14 Jahre alt. Seine Adresse ist: Bahnhofstraße 25 in 38442 Wolfsburg. Robin liest gerne Comics. Oft zeichnet er die Comicfiguren nach. Robin träumt davon, eine eigene Comicfigur zu erfinden.

Robin geht in die 7. Klasse der Michael-Ende-Schule, Hasenweg 113 in 38446 Wolfsburg.

Das Lieblingsfach von Robin ist Kunst. In einer Kunststunde verteilt der Lehrer Prospekte für einen Wettbewerb. Robin ist begeistert. Er will an dem Wettbewerb teilnehmen.

Wettbewerb

Sende uns deinen Comic!
Die Teilnahmebedingungen sind:

- **Du bist zwischen 11 und 16 Jahren alt.**
- **Du hast eigene Ideen.**

Dein Comic muss bis zum 30.11.2008 bei uns sein.

1 Wovon träumt Robin?

____

Robin muss für den Wettbewerb ein Formular ausfüllen.

2 Fülle für Robin das Formular aus.

____
Name*, Vorname

____
Straße, Hausnr.**

____
PLZ***, Wohnort

____
____
Name und Adresse der Schule

Alter ☐ 11–12 Jahre ☐ 13–14 Jahre ☐ 15–16 Jahre

Klasse ☐ 5 ☐ 6 ☐ 7 ☐ 8 ☐ 9 ☐ 10

* der Familienname, Nachname oder Zuname

** die Hausnummer

*** die Postleitzahl

Der Wettbewerb

3 Fülle das Formular für dich aus.

Name, Vorname

Straße, Hausnr.

PLZ, Wohnort

Name und Adresse der Schule

Alter ☐ 11–12 Jahre ☐ 13–14 Jahre ☐ 15–16 Jahre

Klasse ☐ 5 ☐ 6 ☐ 7 ☐ 8 ☐ 9 ☐ 10

Robin steckt das Formular in einen Briefumschlag.
Er hat den Briefumschlag beschriftet.

4 Beschrifte den Briefumschlag für dich.

Einen Gegenstand beschreiben

Das Malerwerkzeug

Florian hilft dem Maler auf der Baustelle. Der Maler will den Heizkörper streichen. Florian soll den Pinsel bringen. Er schaut sich die verschiedenen Pinsel an.

☐ **der Flächenpinsel**
- Stiel aus Kunststoff
- Borsten aus Tierhaaren

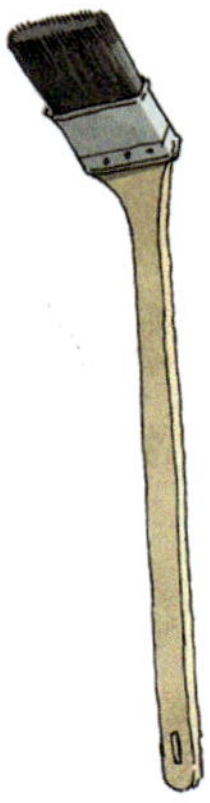

☐ **der Fassadenpinsel**
- Stiel aus Holz
- Borsten aus Kunststoff

☐ **der Heizkörperpinsel**
- Stiel aus Holz
- Borsten aus Kunststoff

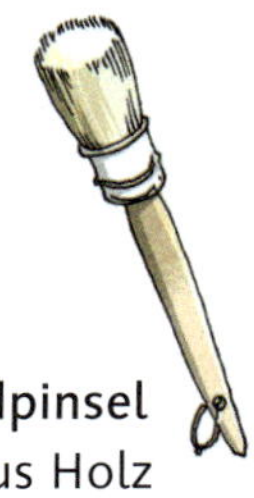

☐ **der Rundpinsel**
- Stiel aus Holz
- Borsten aus Tierhaar

1 a) Sieh dir den Heizkörperpinsel genau an.
b) Lies die folgenden Fragen. Kreuze die passenden Antworten an.

Welche Farbe hat der Stiel?
☐ rot ☐ grün ☐ blau ☐ braun

Welche Form hat der Stiel?
☐ kurz ☐ lang ☐ eckig

Aus welchem Material sind die Borsten?
☐ aus Kunststoff ☐ aus Tierhaaren

Welches besondere Merkmal hat der Pinsel?
☐ einen Stiel mit Knick ☐ rund angeordnete Borsten

Was streicht der Maler mit dem Pinsel?
☐ die Fassade ☐ den Heizkörper ☐ eine Fläche ☐ die Ecken

2 Beschreibe den Heizkörperpinsel genau. Schreibe die Sätze zu Ende.

Der Stiel vom Pinsel ist *rot* ____ und ______________.

Die Borsten sind aus ______________________.

Der Pinsel hat ein besonderes Merkmal ______________________.

Der Maler kann damit ______________________ *streichen*.

Das Malerwerkzeug

Florian informiert sich in einem Katalog über die verschiedenen Pinsel.

Der Pinsel hat einen kurzen Stiel. Der Stiel ist aus Holz. Die Borsten sind aus hellen Tierhaaren. Sie sind rund angeordnet. Der Pinsel ist besonders geeignet, um kleine oder gewölbte Flächen zu streichen, zum Beispiel Rohre.

3 a) Welchen Pinsel beschreibt der Katalogtext? Kreuze auf dem Bild Seite 6 an.
b) Ergänze den Namen vom Pinsel als Überschrift.

4 a) Wähle einen anderen Pinsel von Seite 6 aus.
b) Beschreibe den Pinsel genau.

Einen Gegenstand beschreiben:
- die Farbe ✓
- die Form ✓
- das Material ✓
- ein besonderes Merkmal ✓
- die Funktion ✓

5 Überarbeite. Wende den Schritt **3** vom Schreibprofi an.
a) Kann ich meine Wörter oder meine Sätze lesen und verstehen?
b) Ich zeige meine Beschreibung der Lehrerin/dem Lehrer.

→ Schreibprofi Klappe vorn

Die Arbeitskleidung vom Maurer

Torben hilft einem Maurer auf der Baustelle. Am ersten Tag kommt er in seiner Freizeitkleidung. Er muss sich umziehen, denn die Arbeitskleidung ist besonders wichtig. Sie schützt die Maurer bei der Arbeit.

die Schutzbrille

die Arbeitshandschuhe

der Blaumann

der Helm

die Stahlkappenschuhe

1 a) Sieh dir die Arbeitskleidung vom Maurer an.
b) Welche Teile gehören zur Arbeitskleidung? Kreuze an.

☐ der Blaumann	☐ die Sonnenbrille	☐ der Helm
☐ der Gehörschutz	☐ die Schutzbrille	☐ die Mütze
☐ die Stahlkappenschuhe	☐ die Arbeitshandschuhe	

2 a) Sieh dir den Blaumann genau an.
b) Beschreibe genau. Ergänze die richtigen Wörter.

Der Blaumann

Die Arbeitshose heißt Blaumann, denn sie ist ____________.

Die Hosenbeine sind ____________.

Der Blaumann ist aus festem ____________.

Dadurch schützt der Blaumann den Maurer vor ____________.

Am Bauch und an den Seiten hat der Blaumann viele ____________.

Dahinein kann der Maurer sein ____________ stecken.

→ Lärm
Stoff
blau
kurz
Dreck
Leder
Taschen
lang
Gürtel
Werkzeug
rot

3 a) Sieh dir die Stahlkappenschuhe genau an.
b) Beschreibe genau.
Orientiere dich dabei an der Beschreibung von Aufgabe 2.

Die Stahlkappenschuhe

Die Schuhe sind *schwarz* ______________________

→ eine Kappe aus Stahl
schützt die Füße

~~schwarz~~
aus Leder
Schmutz der
Baustelle

eine dicke Sohle
aus Gummi
schützt vor Nässe und
Wasser
trittsicher
kein Rutschen

dicke Nähte

4 Überarbeite. Wende den Schritt **3** vom Schreibprofi an.

→ Schreibprofi
Klappe vorn

a) Kann ich meine Wörter und Sätze lesen und verstehen?
b) Ich prüfe meine Beschreibung mit der Checkliste:

Checkliste: einen Gegenstand beschreiben	✓
der Name als Überschrift	☐
die Farbe	☐
das Material – die Schuhe aus Leder – die Sohle aus Gummi	 ☐ ☐
besondere Merkmale – die Kappe aus Stahl – die dicke Sohle	 ☐ ☐
die Funktion – schützt vor fallendem Baumaterial – schützt vor Nässe und Wasser	 ☐ ☐

Inhalte zusammenfassen

Das Fernsehen

Robert Schwarz hat einen interessanten Sachtext über das Fernsehen und die Fernsehsendungen geschrieben.

Verschiedene Fernsehsendungen

→ Textknacker Klappe hinten

Wer seinen Fernsehapparat nutzt, will sich informieren, bilden oder unterhalten. Man kann auch die Sendungen danach unterscheiden, ob sie informieren, bilden oder unterhalten.

Die Nachrichtensendungen informieren zum Beispiel darüber, was in einem Land oder in der Welt passiert. Zu den Bildungssendungen zählen zum Beispiel Doku-Sendungen oder Ratgeber-Sendungen. Von den Unterhaltungssendungen gibt es sehr viele verschiedene. Dazu gehören zum Beispiel Spielfilme oder Serien.

Im Fernsehen gibt es auch viele längere Werbesendungen oder kurze Werbespots. Für die Werbung ist das Fernsehen sehr wichtig, denn dadurch werden viele Menschen erreicht.

Robert Schwarz

Du kannst den Text zusammenfassen,
dann kannst du andere kurz darüber informieren.

Zuerst nennst du die Überschrift und den Autor.
Du schreibst auch, was für ein Text das ist.

1 Wie heißt die Überschrift von dem Text?

____

Wer ist der Autor von dem Text?

____

Was für ein Text ist das?
Lies noch einmal den ersten Satz der Seite.

____

Das Fernsehen

Dann schreibst du, worum es in dem Text geht.
Du nennst das Thema.

2 Was ist das Thema von dem Text?

____

Du schreibst nur die wichtigsten Informationen auf.
Dabei helfen dir die Schlüsselwörter.

3 Verbinde die Satzanfänge mit den passenden Satzenden.
Dann hast du die wichtigsten Informationen.

Es gibt Sendungen,	werden viele Menschen erreicht.
Es gibt auch viele	die informieren, bilden oder unterhalten.
Durch das Fernsehen	Werbesendungen.

Nun kannst du den Text zusammenfassen.

4 Ergänze die Sätze.

Verschiedene Fernsehsendungen von ______________________ ist

ein ______________________.

Der Sachtext informiert darüber, welche ______________________

es im Fernsehen gibt.

Es gibt Sendungen, die ______________________,

______________________ oder ______________________.

Es gibt auch viele ______________________.

Durch das Fernsehen ______________________.

Der Mikrowellenherd

Lena Kurz hat einen Sachtext über den Mikrowellenherd geschrieben.

Warmes Essen durch Wellen

→ Textknacker Klappe hinten

Der erste Mikrowellenherd kam 1947 auf den Markt. Dieses erste Modell war riesig: Es war etwa 1,80 m hoch, also so groß wie ein erwachsener Mann. Das Modell war sehr schwer. Es wog so viel wie 4 erwachsene Männer, nämlich etwa 340 kg. Der Mikrowellenherd war sehr teuer. Ein Mikrowellenherd kostete so viel wie heute 10 Mikrowellenherde. Aber der Mikrowellenherd wurde weiterentwickelt. Etwa 20 Jahre später war der Mikrowellenherd so klein, leicht und billig, dass immer mehr Menschen sich einen Mikrowellenherd kaufen konnten.

Wie wird unser Essen warm? In einem Mikrowellenherd gibt es ein Magnetron. Es erzeugt Mikrowellen. Die Mikrowellen breiten sich im Mikrowellenherd aus. Die Mikrowellen treffen auf das Essen. In unserem Essen ist Wasser. Die Mikrowellen bringen das Wasser im Essen zum Schwingen. Kleine Teile im Wasser bewegen sich und reiben aneinander. Durch diese Bewegung wird das Wasser und damit auch das Essen warm.

Lena Kurz

Informiere andere kurz über den Mikrowellenherd.

Zuerst nennst du die Überschrift und den Autor.
Du schreibst auch, was für ein Text das ist.

1 Wie heißt die Überschrift von dem Text?

___

Wer ist die Autorin von dem Text?

___

Was für ein Text ist das? Lies noch einmal den ersten Satz der Seite.

___

Der Mikrowellenherd

Du schreibst, worum es in dem Text geht.
Du nennst das Thema.

2 Was ist das Thema von dem Text?

____

Du schreibst nur die wichtigsten Informationen auf.
Dabei helfen dir die Schlüsselwörter.

3 Schreibe aus jedem Abschnitt die Schlüsselwörter auf.

der Mikrowellenherd

____

____

____

____

____

Nun kannst du den Text zusammenfassen.

4 Ergänze dazu die Sätze.

Warmes Essen durch Wellen von Lena Kurz

ist ein ______________________.

Der Sachtext informiert über ______________________.

Zuerst war der Mikrowellenherd __________, __________ und __________.

Heute ist der Mikrowellenherd __________, __________ und __________.

Im Mikrowellenherd gibt es ein Magnetron, das die ______________________ erzeugt.

Wenn die Mikrowellen auf das Essen treffen,

bringen sie das Wasser im Essen ______________________.

Das Wasser und damit das Essen wird __________.

Argumentieren

Treffpunkt am Nachmittag

**Die Jugendlichen wollen sich nach der Schule treffen.
Einige Schüler schlagen vor, ins Jugendzentrum zu gehen.**

Julia: „Ich finde das Jugendzentrum cool, weil wir dort Basketball spielen können."

Oleg: „Ja, Jugendzentrum klingt prima, denn es gibt dort viele Angebote."

Mehmet: „Ich will ins Jugendzentrum, weil die Mitarbeiter sehr nett sind."

Natascha: „Ich bin für das Jugendzentrum, weil es einen großen Garten hat."

Sandra: „Das Jugendzentrum ist klasse, denn wir haben dort alle Platz."

Olaf: „Der Vorschlag ist gut, weil das Jugendzentrum gleich in der Nähe ist."

Erkan: „Ich bin auch für das Jugendzentrum, weil es ein Internet-Cafe gibt."

1 Worüber sprechen die Jugendlichen?

**Die Jugendlichen sind für das Jugendzentrum.
Sie begründen ihre Meinung.**

2 Welche Gründe nennen die Jugendlichen?

a) Markiere die Gründe im Text.
b) Schreibe die Gründe auf. Schreibe ganze Sätze.

Wir können dort

Treffpunkt am Nachmittag

Manche Jugendlichen wollen nicht ins Jugendzentrum gehen.

Max: „Den Vorschlag finde ich nicht gut, weil wir bei dem schönen Wetter lieber ins Freibad gehen sollten."

Tim: „Mir gefällt das Jugendzentrum nicht, weil es dort immer so laut ist."

Carlos: „Ich bin gegen das Jugendzentrum, denn da gelten so strenge Regeln."

Maria: „Ich mag nicht ins Jugendzentrum, weil dort manchmal komische Typen sind."

Sara: „Ich finde den Vorschlag nicht gut, weil das Jugendzentrum ungemütlich ist."

Kevin: „Ich finde das Jugendzentrum blöd, denn die Wände sind beschmiert."

Ikbal: „Ich bin gegen das Jugendzentrum, weil es dort manchmal zu Prügeleien kommt."

**Diese Jugendlichen sind gegen das Jugendzentrum.
Auch sie begründen ihre Meinung.**

3 Welche Gründe nennen die Jugendlichen?

a) Markiere die Gründe im Text.
b) Schreibe die Gründe auf. Schreibe ganze Sätze.

Wir sollten bei dem schönen Wetter

Eine Tischtennisplatte für das Jugendzentrum

**Für das Jugendzentrum soll eine neue Tischtennisplatte gekauft werden.
Die Jugendlichen unterhalten sich darüber. Sie sagen ihre Meinung.**

Die Tischtennisplatte ist bestimmt immer besetzt. Das ist unfair.

Die Tischtennisplatte nimmt viel Platz weg. Wir können im Garten dann nicht mehr Fußball spielen.

Eine Tischtennisplatte finde ich gut, weil es bei uns zu Hause keinen Platz dafür gibt.

Ich finde die Idee super, denn Tischtennis gibt es noch nicht im Angebot!

Ich bin dafür, denn beim Tischtennis können mehrere Jugendliche zusammen spielen.

Eine neue Tischtennisplatte ist prima, denn Tischtennis macht Jungen und Mädchen Spaß.

**Die Jugendlichen haben unterschiedliche Meinungen.
Sie begründen ihre Meinung.**

1 Welche Jugendlichen sind **für** die Tischtennisplatte?
Umkreise die Sprechblasen grün.

2 Welche Jugendlichen sind **gegen** die Tischtennisplatte?
Umkreise die Sprechblasen blau.

3 Welche Gründe nennen die Jugendlichen **für** die Tischtennisplatte?
Welche Gründe nennen sie **dagegen**?
Schreibe auf.

Gründe dafür:

Gründe dagegen:

Eine Tischtennisplatte für das Jugendzentrum

Die Jugendlichen sagen ihre Meinung.
Wer ist für die Tischtennisplatte? Wer ist dagegen?

4 Ergänze die Sätze.

____________________________________,
weil es ein tolles Angebot für Jungen und für Mädchen ist.

____________________________________,
denn es gibt im Jugendzentrum viel zu wenig Platz.

____________________________________,
weil ich dann zusammen mit meinen Freunden spielen kann.

____________________________________,
weil die Tischtennisbälle dann überall herumfliegen.

→ Ich bin dafür, …
Ich finde es gut, …
Ich finde den Vorschlag gut, …
Ich bin dagegen, …

5 Welche Meinung hast du?
Schreibe auf. Begründe.

Zu Bildern eine Geschichte schreiben

Die Fahrt auf dem Skateboard

Dies ist die Geschichte von Lukas und seinem Skateboard.

Du kannst eine Geschichte zu den Bildern schreiben.

Mache deine Leser neugierig. Schreibe die ersten Sätze interessant.

1 Schreibe den Anfang der Geschichte. Schreibe zu Bild 1.
Du kannst die Tafel benutzen. Du kannst auch eigene Sätze aufschreiben.

Eines Tages Am Abend Am Samstag	fährt rollt rast	Lukas	mit seinem Skateboard	durch den Park. auf der Skaterbahn.
Lukas Er	pfeift singt	glücklich entspannt munter	ein Lied. seinen Lieblingshit.	

Die Fahrt auf dem Skateboard

Lukas schwebt mit dem Skateboard hoch über den Häusern.

Du willst interessant und spannend schreiben.
Achte auf unterschiedliche Satzanfänge.

2 a) Schreibe zu Bild 2. Verbinde die Satzanfänge mit passenden Satzenden.
b) Schreibe die Sätze auf.

Auf einmal	schaut Lukas aufgeregt nach unten.
Plötzlich	fährt das Skateboard steil in die Luft.
Dann	kann Lukas nicht mehr lenken.
Da	verschwinden die Häuser in weiter Ferne.

Die Fahrt auf dem Skateboard

Lukas sieht direkt vor sich ein riesiges schwarzes Loch.

Du willst spannend und lebendig schreiben. Verwende anschauliche Adjektive.

3 Schreibe zu Bild 3. Ergänze passende Adjektive.

Die Fahrt mit dem Skateboard ist ______________________.

Lukas schwebt in der Luft. Er ist ______________________.

Da sieht Lukas plötzlich ein ______________________ Loch.

Das Skateboard fährt direkt auf

dieses ______________________ Loch zu.

Lukas ist ______________________.

→ spannend, fantastisch, langweilig, …

glücklich, verzweifelt, fassungslos, …

dunkles, helles, schwarzes, unheimliches, …

ängstlich, neugierig, aufgeregt, …

4 Was könnte Lukas denken?
Wähle einen Satz aus oder schreibe einen eigenen Satz auf.

Was ist das?

Oh, nein!

Wohin fahre ich?

Lukas denkt: ______________________

____

Die Fahrt auf dem Skateboard

Lukas fährt in das schwarze Loch. Er kommt in eine seltsame Welt.

☐  ☐  ☐ 

5 In welche seltsame Welt kommt Lukas?
Wähle ein Bild aus.

6 Was ist seltsam an der Welt?
Sammle weitere Ideen in einem Cluster.

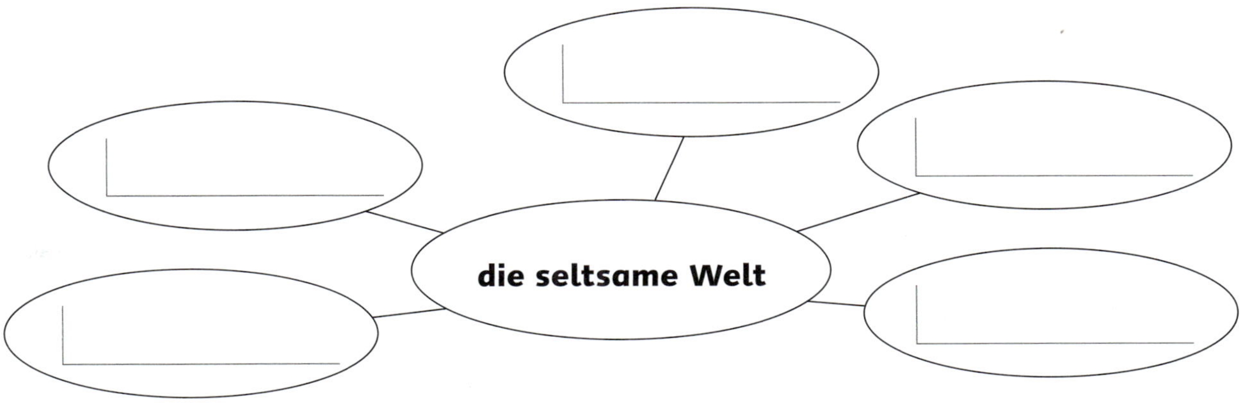

Du willst die Spannung halten. Verwende anschauliche Adjektive.

7 Schreibe zu Bild 4. Was sieht Lukas in der seltsamen Welt? Was erlebt er?
Schreibe Sätze auf. Dein Cluster hilft dir dabei.

Die Fahrt auf dem Skateboard

Plötzlich stürzt Lukas wieder aus dem Loch heraus.

1 2 3 4 5

8 Schreibe zu Bild 5. Wende den Schritt **2** vom Schreibprofi an.
- Achte auf unterschiedliche Satzanfänge.
- Verwende passende Verben.
- Verwende anschauliche Adjektive.

→ Schreibprofi Klappe vorn

→ Plötzlich, Da, Dann, Auf einmal, …

stürzt, fällt, rast, rutscht, …

blitzschnell, fürchterlich, pechschwarz, wahnsinnig, …

9 Was könnte Lukas schreien?
Wähle einen Satz aus oder schreibe einen eigenen Satz auf.

Hilfe, ist das tief!

Nein, ich will hier nicht weg!

Stopp!

Lukas schreit: „ !“

Die Fahrt auf dem Skateboard

Wie geht die Geschichte zu Ende? Löse die Spannung.

10 Schreibe das Ende der Geschichte. Schreibe 2–3 Sätze auf.
Du kannst die Wortgruppen verwenden.
Du kannst auch eigene Sätze aufschreiben.

hat wild geträumt	wacht auf	fällt in ein anderes Loch	ist wieder zuhause

Die Überschrift sagt etwas über die Geschichte.
Sie soll neugierig machen.

11 Wähle eine Überschrift aus oder überlege dir eine eigene Überschrift.

Die Fahrt ins Ungewisse

Ein magisches Skateboard

Der schwarze Tunnel

12 Wende den Schritt **3** vom Schreibprofi an.

→ Schreibprofi Klappe vorn

a) Kann ich meine Sätze lesen und verstehen?
b) Ich prüfe meine Geschichte.

Das habe ich getan	ja	noch nicht immer
auf unterschiedliche Satzanfänge geachtet		
passende Verben verwendet		
anschauliche Adjektive verwendet		

13 a) Überarbeite deine Geschichte.
b) Zeige die Geschichte deiner Lehrerin/deinem Lehrer.

14 Schreibe die Geschichte in dein Heft,
auf ein Schmuckblatt oder am Computer.

Den Textknacker anwenden

Die Bilder und die Überschrift

Auf der nächsten Seite findest du den Anfang einer Geschichte.
Der Textknacker hilft dir, die Geschichte zu lesen und zu verstehen.

1 Wende den Schritt 1 vom Textknacker an.
Sieh dir das Bild an.

→ Textknacker
1 Bilder

2 Wie ist die Körperhaltung von dem Jungen?
Worum geht es vermutlich in dem Text?
Schreibe mindestens 4 Stichwörter auf.

3 Wende den Schritt 2 vom Textknacker an.
Lies die Überschrift.

→ Textknacker
2 Überschrift

Max und der Sorgen-Kasten

4 Was könnte in der Geschichte stehen?
Schreibe deine Vermutungen auf.

Dies ist der Anfang von der Geschichte.

5 Wende den Schritt **3** vom Textknacker an.

a) Zähle die Abschnitte.
b) Nummeriere die Abschnitte.
c) Lies die Abschnitte.

→ Textknacker
3 Abschnitte

Max und der Sorgen-Kasten

Dies ist die Geschichte von Max. Er war nicht groß und auch nicht kräftig. Er spielte gut Fußball. Doch Max machte sich immer Sorgen.

Max konnte vor lauter Sorgen mal wieder nicht schlafen. „Wenn ich das neue Computerspiel nicht bekomme, kann ich wieder nicht mitreden. Die neuen Fußballschuhe sind auch nicht cool. Es werden bestimmt alle über mich lachen, besonders Thomas! Und Tina! Tina ist so toll. Aber sie wird mich nie mögen!“ Es war, als ob jemand in seinem Kopf herumwanderte und immer neue Sorgen erfand.

Da hörte Max plötzlich ein Rauschen und Knacken. Ein Wind blies und dann stand etwas auf seinem Bett! Es war ein Kasten, der blinkte und glitzerte. Und in leuchtenden Farben stand darauf: Sorgen-Kasten. „Oh“, dachte Max und starrte den Kasten an. Dann strich er vorsichtig mit seinen Händen darüber. Der Kasten fühlte sich merkwürdig heiß an.

6 Was weißt du jetzt über Max?
Markiere die Antworten in den Abschnitten 1 und 2.

7 Was weißt du über den Sorgen-Kasten?
Markiere die Antworten in dem Abschnitt 3.

Die Schlüsselwörter

So geht die Geschichte weiter.

9 Wende den Schritt 4 vom Textknacker an.
Lies die Schlüsselwörter.

→ Textknacker
4 Schlüsselwörter

4 Am nächsten Abend konnte Max wieder nicht einschlafen. Wieder machte er sich Sorgen, aber diesmal waren die Sorgen nicht ganz so schlimm. Denn eigentlich wartete Max darauf, dass der Kasten wieder auftauchte. Max war neugierig geworden! Fast wäre er eingeschlafen. Doch dann hörte er das Rauschen. Und dann stand der Kasten auf seinem Bett!

5 Auch diesmal blinkte er. Auch diesmal fühlte der Kasten sich merkwürdig heiß an. Und auch diesmal stand darauf: Sorgen-Kasten. Aber nun sah Max, dass das o von Sorgen in Wirklichkeit ein kleiner Knopf war. Max drückte darauf und es begann zu dampfen und zu qualmen. Dann öffnete sich langsam eine kleine Tür. Max starrte so gespannt auf die Tür, dass er seine Sorgen völlig vergaß. Er versuchte, in das Innere vom Kasten zu schauen. Doch seine Augen brannten vor lauter Starren. Max schlief ein.

6 Max träumte, dass er in das Innere vom Kasten geführt wurde. Max sah lauter Zettel, die an den Wänden hingen. Auf jedem Zettel waren Sorgen und Ängste geschrieben. Außerdem stand unter jedem Zettel ein Name. Er fand Zettel von seinem Opa und dem Hausmeister. Er fand Zettel von Tina und sogar sehr viele von dem schrecklichen Thomas.

10 Überlege, was in jedem Abschnitt wichtig ist.
Schreibe Stichwörter auf. Die Schlüsselwörter helfen dir.

4

5

6

Die Geschichte zusammenfassen

Das ist das Ende der Geschichte.

7 Als Max wach wurde, war der Kasten wieder weg. Max wusste, dass er geträumt hatte. Aber der Traum hatte ihm gezeigt, dass andere Menschen auch Sorgen haben. Sogar diejenigen, vor denen er eigentlich Angst hatte.

8 An diesem Tag ging er fröhlich pfeifend zur Schule. Beim Fußballspiel lachte niemand über seine Fußballschuhe. Max schoss gleich drei Tore hintereinander. Und dann fragte er Tina, ob sie mit ihm ein Eis essen wollte. Sie sagte sofort ja!

11 Was hatte der Traum Max gezeigt?

a) Markiere die Antwort in der Geschichte.
b) Schreibe die Antwort auf.

12 Schreibe eine Zusammenfassung der Geschichte.
Wende die Schritte 6 und 7 vom Textknacker an.

→ Textknacker 6, 7 der ganze Text

a) Lies die ganze Geschichte.
b) Schreibe zu der Geschichte etwas auf:
- Wer ist Max?
- Wie fühlt sich Max am Anfang der Geschichte?
- Wie fühlt sich Max am Ende der Geschichte?

Max ist

Am Anfang der Geschichte

Am Ende

Wörter aus dem Textzusammenhang erschließen

Haie

**Lina liest einen Sachtext über Haie.
In einem Sachtext stehen oft viele Fachwörter.**

→ Textknacker Klappe hinten

Haie

Haie zählen zu den ältesten noch lebenden Tieren. Sie leben seit vielen Millionen Jahren in den Meeren. Haie **existieren** also schon sehr lange. Der **Urhai** zum Beispiel lebte schon vor 400 Millionen Jahren. Diese ersten und ältesten Haie gab es also schon vor den Dinosauriern.

Auf der Welt gibt es mehr als 400 **Haiarten**. Das sind verschiedene Arten von Haien wie der Tigerhai, der Weiße Hai, der Bullenhai.

1 Wie viele Haiarten gibt es auf der Welt?
Schreibe einen Satz.

____

____

In dem Sachtext sind 3 Fachwörter hervorgehoben.

2 Schreibe die Fachwörter auf.

____

In dem Sachtext steht auch, was die Fachwörter bedeuten.

3 Kreuze die richtige Bedeutung an.

Zeile 3: **sie existieren**

☐ sie leben ☐ sie gehören

Zeile 4: **der Urhai**

☐ der größte noch lebende Hai ☐ der erste und älteste Hai

Zeile 7: **Haiarten**

☐ zum Beispiel der Tigerhai und der Weiße Hai ☐ Fische und Dinosaurier

Merkmale von Haien

→ Textknacker
Klappe hinten

Haie leben im Wasser. Sie atmen nicht durch Lungen, sondern durch **Kiemen**. Das sind lange, schmale Öffnungen seitlich am Kopf. Mit den Kiemen holen sich Haie den Sauerstoff aus dem Wasser.

Der Körper von einem Hai ist **stromlinienförmig**: Der schlanke Körper wird zum Kopf hin spitzer.

Der Hai hat keine Knochen, sondern **Knorpel**. Knorpel sind weiche Bestandteile von Zellen. Weil Knorpel leichter sind als Knochen, kann der Hai schnell schwimmen.

Haie haben keine **Schwimmblase**. Die Schwimmblase ist ein mit Luft gefülltes Organ. Die Schwimmblase hilft, im Wasser zu schweben. Haie müssen sich immer bewegen. Sie sinken sonst auf den Boden vom Meer, den **Meeresgrund**.

1 Haie können nicht im Wasser schweben.
Warum müssen sich Haie immer bewegen? Schreibe einen Satz.

____

____

In dem Sachtext sind die Fachwörter hervorgehoben.
In dem Sachtext steht auch, was die Fachwörter bedeuten.

2 Finde im Sachtext, was die Fachwörter bedeuten.
Markiere die Bedeutung.

3 Verbinde die Fachwörter mit der passenden Bedeutung.

die Kiemen	ein mit Luft gefülltes Organ
stromlinienförmig	der Boden vom Meer
die Knorpel	lange, schmale Öffnungen seitlich am Kopf
die Schwimmblase	ein schlanker Körper, der zum Kopf hin spitzer wird
der Meeresgrund	weiche Bestandteile von Zellen

Die Jagd und die Ernährung von Haien

Die Jagd auf Beute

Textknacker
Klappe hinten

Der Hai jagt im Meer seine **Beute**. Das ist die Nahrung vom Hai. Die meisten Haie sind **Fleischfresser**. Sie fressen Fische, Krebse und andere Tiere des Meeres. Der Weiße Hai frisst auch Robben, Delfine und kleine Haie.

Etwas Besonderes ist das Gebiss vom Hai. Immer wenn der Hai einen Zahn verliert, rückt ein neuer Zahn nach. Das nennt man **Revolvergebiss**.

Haie können sehr gut sehen. Sie jagen in der **Dämmerung** oder bei Dunkelheit. Im Übergang von Tag und Nacht oder in der Nacht können Haie sogar besser sehen als Katzen.

1 Was ist ein besonderes Merkmal vom Hai? Schreibe einen Satz.

____

In dem Sachtext sind Fachwörter hervorgehoben.

2 Finde im Sachtext, was die Fachwörter bedeuten.
Markiere die Bedeutung.

3 Ergänze die Sätze.

Der Hai jagt im Meer seine **Beute**.

Das ist ______________________________________.

Die meisten Haie sind **Fleischfresser**.

Sie fressen ______________________________________.

Das Gebiss vom Hai nennen wir **Revolvergebiss**.

Immer wenn ______________________________________

____.

Haie können sehr gut sehen. Sie jagen deshalb in der **Dämmerung**.

Das ist der ______________________________________.

Der Hai und der Mensch

Der Hai und der Mensch

→ Textknacker
Klappe hinten

Viele Menschen haben beim Baden im Meer Angst. Sie fürchten sich vor den Attacken von Haien. Doch wenn ein Hai angreift, meint er eigentlich gar nicht den Menschen. Bei diesen Angriffen verwechselt der Hai den Menschen mit einem Beutetier.

Menschen sind die gefährlichsten Widersacher der Haie. Sie sind Feinde der Haie, denn sie verfolgen, jagen und töten die Haie.

Haifischfleisch ist in manchen Ländern eine Delikatesse. Haifischfleisch ist dort teuer. Denn es ist ein besonderer Leckerbissen.

1 Warum haben viele Menschen beim Baden im Meer Angst?

2 Finde folgende Fachwörter im Text. Markiere sie.

die Attacke **der Widersacher** **die Delikatesse**

3 Finde im Sachtext, was die Fachwörter bedeuten.
Markiere die Bedeutung.

4 Schreibe die Fachwörter und ihre Bedeutung auf.

Eine Tabelle und eine Hausordnung lesen

Die Angebote im Jugendzentrum

Im Jugendzentrum der Stadt gibt es viele verschiedene Angebote für Mädchen und Jungen. Ein Plan zeigt, welche Angebote es gibt.

Unser Jugendzentrum ist geöffnet
Montag–Freitag: 12:00–20:00 Uhr
Samstag: 14:00–21:00 Uhr
Sonntag: geschlossen

Offener Spieletreff
Montag–Freitag: 14:00–19:00 Uhr

Unsere Angebote:

Montag	14:00–17:00 Uhr Internet-C@fe und Hilfe am PC für Mädchen	18:00–19:00 Uhr Basketball für Mädchen
Dienstag	14:00–15:30 Uhr Theatergruppe für Jungen (13–15 Jahre)	15:30–16:30 Uhr Musikgruppe für Mädchen (ab 14 Jahre)
Mittwoch	15:00–16:00 Uhr Holzarbeiten für Mädchen	16:00–17:30 Uhr Kochkurs für Jungen
Donnerstag	14:00–17:00 Uhr Internet-C@fe und Hilfe am PC für Jungen	17:00–19:00 Uhr Gitarrenunterricht (Anmeldung nötig)
Freitag	14:00–17:00 Uhr Hilfe bei Bewerbung und Lehrstellensuche	18:00–19:00 Uhr Basketball für Jungen
Samstag	14:00–17:00 Uhr Musikgruppe für Jungen (ab 14 Jahre)	18:00–19:00 Uhr Basketball gemeinsam spielen (ab 15 Jahre)

1 Beantworte die Fragen.

Wann ist das Jugendzentrum am Samstag geöffnet? ______________________

An welchem Tag ist das Jugendzentrum geschlossen? ______________________

An welchen Tagen ist der offene Spieletreff? ______________________

2 Markiere im Plan:
- rot: die Angebote nur für Mädchen
- blau: die Angebote nur für Jungen
- grün: die Angebote für Mädchen und Jungen

Die Angebote im Jugendzentrum

3 Wann finden die Angebote statt? Kreuze an.

Musikgruppe für Mädchen	☐	Dienstag, 15:30–16:30 Uhr
	☐	Samstag, 14:00–17:00 Uhr
Kochkurs für Jungen	☐	Montag, 16:00–17:30 Uhr
	☐	Mittwoch, 16:00–17:30 Uhr
Theatergruppe für Jungen	☐	Dienstag, 15:00–16:30 Uhr
	☐	Dienstag, 14:00–15:30 Uhr

4 a) Finde im Plan passende Angebote für diese Jugendlichen.
b) Schreibe den Wochentag, die Uhrzeit und das Angebot auf.

Aysha und Kerstin möchten gemeinsam ins Internet-Cafe.

Montag, 14.00 - 17.00 Uhr, Jnternet-Cafe für Mädchen

Miriam arbeitet gern mit Holz.

Kevin möchte Gitarre spielen lernen.

Katrin ist 16 Jahre alt. Sie sucht eine Lehrstelle für das nächste Jahr.

Lukas will ein Spiel auf seinem Computer installieren. Er braucht Hilfe.

Mark, Sven und Ahmed sind 13 Jahre alt. Sie möchten Basketball spielen.

5 Welches Angebot würdest du gern in deinem Jugendzentrum nutzen? Schreibe auf.

Unsere Hausordnung

Wer die Angebote im Jugendzentrum nutzen möchte, muss sich an eine Hausordnung halten.

Die Hausordnung

In unserem Jugendzentrum können sich Jugendliche im Alter von 13 bis 18 Jahren treffen und die Angebote nutzen. Unsere Hausordnung sagt, was erlaubt ist und was nicht. Sie enthält Regeln und Verbote. Die Hausordnung gilt für alle, die in das Jugendzentrum kommen.

- Im Jugendzentrum werden Personen mit Respekt behandelt. Das Beleidigen und Beschimpfen von anderen Personen ist verboten!
- Im Jugendzentrum gibt es keinen Alkohol. Wer Alkohol ins Jugendzentrum mitbringt oder wer betrunken ist, wird aus dem Haus verwiesen.
- Rauchen ist im gesamten Jugendzentrum, auch im Garten, verboten.
- Wer im Jugendzentrum einen Raum benutzt, ist für die Ordnung in diesem Raum verantwortlich.
- Wer Spiele ausleiht, ist dafür verantwortlich. Wer beschädigte oder unvollständige Spiele entdeckt, informiert einen Mitarbeiter.
- Fußball darf man auf dem kleinen Platz hinter dem Haus spielen. Im Haus ist Ball spielen verboten.
- Die Anweisungen der Mitarbeiter müssen befolgt werden. Bei einem Verstoß gegen die Hausordnung entscheiden die Mitarbeiter über nötige Maßnahmen (Verwarnung, Schadenersatz, Anzeige oder Hausverbot).

Der Vorstand

1 Was ist richtig? Kreuze an.

Die Hausordnung sagt,
- ☐ welche Angebote es im Jugendzentrum gibt.
- ☐ was ich tun darf und was nicht.

Die Hausordnung gilt
- ☐ für alle, die ins Jugendzentrum kommen.
- ☐ für alle ab 15 Jahren.

Unsere Hausordnung

2 Die Hausordnung sagt, was erlaubt ist und was nicht.
Übersetze die Hausordnung für dich.

- **Wer im Jugendzentrum einen Raum benutzt, ist für die Ordnung in diesem Raum verantwortlich.**

  Ich benutze im Jugendzentrum einen Raum.

  Ich bin ______________________________

- **Wer beschädigte Spiele entdeckt, informiert einen Mitarbeiter.**

  Ich entdecke beschädigte Spiele. Ich ______________________________

- **Fußball darf man auf dem kleinen Platz hinter dem Haus spielen.**

  Ich ______________________________

Kevin hat noch nicht alles verstanden.
Er fragt einen Mitarbeiter vom Jugendzentrum.

3 Verbinde jede Frage mit der richtigen Antwort.

Was bedeutet „aus dem Haus verwiesen“?	Es ist für dich verboten, das Haus zu betreten.
Was ist ein Schadenersatz?	„Aus dem Haus verwiesen“ heißt, du musst das Haus verlassen.
Was ist eine Verwarnung?	Du wirst ermahnt, wenn du unsere Regeln nicht beachtest. Du wirst noch nicht bestraft.
Was bedeutet „Hausverbot“?	Wenn du mit Absicht etwas kaputt machst, musst du den Schaden ersetzen, also bezahlen.

4 Was heißt: **Personen werden mit Respekt behandelt**?
Beschreibe mit deinen eigenen Worten.

Texte über Berufe lesen

Auf der Baustelle

Wenn ein Haus gebaut wird, arbeiten viele Menschen zusammen.

Ein Haus entsteht

→ Textknacker Klappe hinten

Die Maurer mauern die Wände vom Haus. Maurer müssen schwere Steine tragen können. Mit einer Kelle geben sie Mörtel auf die Steine. Dann setzen sie Stein auf Stein. Maurer bauen auch fertige Teile in das Haus, zum Beispiel Treppen. Maurer müssen Baupläne lesen können.

Die Zimmerleute errichten den Dachstuhl. Er ist das Gerüst für das Dach. Für den Dachstuhl sägen die Zimmerleute Balken und Latten in die richtige Länge. Zimmerleute müssen genau messen können. Sie müssen auch gut im Team arbeiten, denn sie montieren die Balken und Latten in Teamarbeit.

Die Dachdecker decken das Dach mit Ziegeln. Sie müssen sorgfältig arbeiten, damit das Dach dicht ist. Dachdecker befestigen auch Regenrinnen am Dach. Dachdecker arbeiten immer im Freien. Sie müssen in großer Höhe arbeiten können. Das heißt, sie müssen schwindelfrei sein.

1 Im Text sind 3 Berufe auf einer Baustelle genannt.

a) Markiere die Namen der Berufe im Text.
b) Schreibe sie unter das passende Bild.

der ______

______

______

2 Was muss man in den 3 Berufen können? Markiere im Text.

3 a) Zeichne eine Tabelle in dein Heft.
b) Trage ein:
- die 3 Berufe
- was man in den Berufen können muss

Beruf	Das muss man in diesem Beruf können
die Maurer	schwere Steine tragen, …
die Zimmerleute	…
die Dachdecker	…

Auf der Baustelle

Viele Handwerker arbeiten im Haus. Sie haben verschiedene Berufe.

4 Schreibe zu jedem Handwerker den richtigen Beruf:

der Elektroniker der Maler der Fliesenleger

Ich streiche im Haus die Wände,
die Decken, die Türen und die Fenster.
Ich mische die Farben.

Ich bin ______________________

Ohne elektrischen Strom
könntest du nicht am Computer spielen
oder fernsehen. Ich lege die Leitungen für
den elektrischen Strom und schließe Steckdosen an.

Ich bin ______________________

Ich lege im Bad und in der Küche die Fliesen.
Fliesen sind Platten aus Stein, Ton oder Marmor.

Ich bin ______________________

Ein Fliesenleger erzählt von seinem Arbeitsleben.

5 Ordne die Abschnitte den Bildern zu. Nummeriere.

1
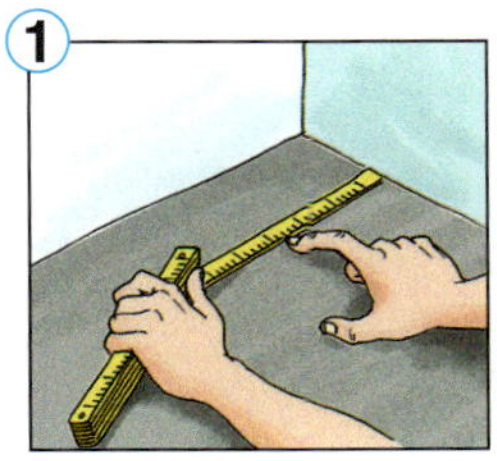
2
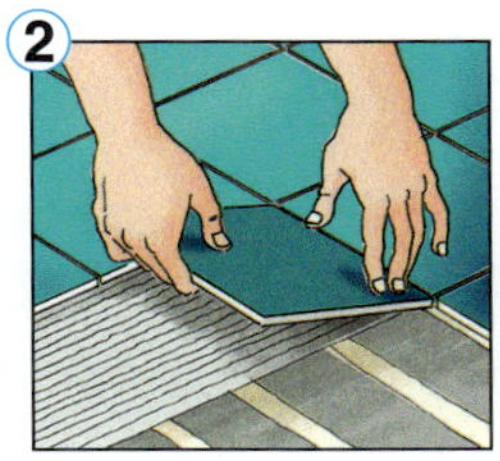
3

4

◯ Dann lege ich mit einer Klebemasse die Fliesen nach einem Muster. Manche Fliesen muss ich genau auf die passende Größe schneiden.

◯ Zum Schluss reinige ich die Fläche. Auf den Fliesen soll keine Fugenmasse oder Schmutz sein.

◯ Zuerst messe ich genau den Untergrund. Dann überlege ich, nach welchem Muster ich die Fliesen legen werde.

◯ Nach dem Trocknen der Klebemasse fülle ich die Fugen zwischen den Fliesen mit Fugenmasse.

6 Schreibe die Abschnitte in der richtigen Reihenfolge in dein Heft.
Denke an die Überschrift.

Miriam wird Fliesenlegerin

Miriam ist 19 Jahre alt. Sie hat sich für einen Beruf entschieden, in dem Frauen immer noch selten sind: Miriam lernt Fliesenlegerin.

Miriam erzählt von ihren Berufserfahrungen

Eigentlich wollte ich Erzieherin werden. Dann kam das erste Praktikum. Ich fand nur einen Platz in der Firma von meinem Onkel. Er ist Chef einer kleinen Fliesenlegerei. Zuerst hatte ich gar keine Lust. Ich konnte mir unter der Arbeit einer Fliesenlegerin nichts vorstellen. Diesen Beruf hätte ich nie gewählt.

Mein Bruder warnte mich: „Das wirst du nicht schaffen, die Arbeit ist zu schwer. Als einzige Frau unter Männern wirst du es nicht leicht haben. Du wirst als Frau keine Arbeit auf einer Baustelle finden. Suche dir einen Beruf, der besser zu Frauen passt!" Nur Katrin, meine beste Freundin, machte mir Mut.

Heute möchte ich nichts anderes machen. Ich kann körperlich arbeiten und ich bin handwerklich geschickt. Am liebsten lege ich Fliesen dort, wo es schwierig und eng ist. Dann kann ich zeigen, wie genau ich arbeiten kann. Es fällt mir schwer, die Pakete mit den Fliesen zu tragen. Aber wir teilen uns die Arbeit so, dass jeder Kollege einen Teil der Pakete trägt. Wenn ich die Fliesen verfuge, bin ich schneller als manche Kollegen. Meine Kollegen, alles Männer, haben erst über mich gelächelt. Sie haben gedacht, die Arbeit ist zu schwer für mich. Heute arbeiten wir gut zusammen.

1 Beantworte die Fragen.

Welchen Beruf lernt Miriam? ______________________________

Was wollte sie eigentlich werden? ______________________________

2 Was bedeuten diese Sätze?
Kreuze die richtige Bedeutung an.

Zeile 12: **Ich kann körperlich arbeiten.**

☐ Ich kann Figuren formen. ☐ Ich kann zupacken. ☐ Ich kann im Sitzen arbeiten.

Zeile 15: **Es fällt mir schwer.**

☐ Ich habe kein Problem damit. ☐ Ich mache es gern. ☐ Ich finde es anstrengend.

Miriam wird Fliesenlegerin

Der Bruder hat Miriam gewarnt. Die Kollegen haben erst gelächelt.

3 Warum? Nenne zwei Gründe.

____

____

Ihre Freundin Katrin hat Miriam Mut gemacht.

4 Überlege, was Katrin gesagt hat.
Verbinde die Satzanfänge mit den passenden Satzenden.

Du wirst schwere Arbeit schaffen,	denn du bist teamfähig.
Du wirst die Fliesen sehr genau legen,	denn du hast viel Kraft.
Du wirst mit den Kollegen gut zusammenarbeiten,	denn du arbeitest sorgfältig.

5 Was könnte Katrin noch gesagt haben?
Ergänze den Satz.

Du solltest Fliesenlegerin werden, denn ______________________

____

→ handwerklich geschickt, mit Werkzeug umgehen, …

Miriam hat gezeigt, dass sie die Arbeit schafft und was sie alles kann.

6 Was erzählt Miriam? Ergänze die fehlenden Wörter.

→ genau
schnell
zusammen
körperlich

Die Pakete mit den Fliesen sind schwer. Aber ich habe Kraft und

kann ______________ arbeiten.

Ich kann gut Fliesen legen, wo es eng ist.

Ich kann ______________ arbeiten.

Wenn ich Fliesen verfuge, kann ich sehr ______________ arbeiten.

Meine Kollegen lächeln nicht mehr über mich.

Wir arbeiten gut ______________.

Ein Kinoprogramm lesen und verstehen

Das Wochenprogramm

Die Klasse möchte gemeinsam ins Kino.
Das Wochenprogramm informiert darüber, welche Filme gerade im Kino laufen.

Cine

Bahnhofstraße 3
Telefon: 01234-5678

Kinoprogramm vom 16.10.–22.10.2008

Planet Omega (ab 12 J.)
Spannender Auftakt der Science-Fiction-Trilogie
Täglich 17:15 + 20:00, Fr. + Sa. auch 15:00 Uhr

Andreas, der Mann ohne Nerven (ab 18 J.)
Fesselnder Actionfilm mit schnellen Autos und coolen Sprüchen
Täglich 22:00 Uhr

Mord über den Wolken (ab 18 J.)
Psychothriller mit rätselhaften Verwicklungen
Täglich 17:30 + 21:00 Uhr

Tierwelt am Amazonas (ab 6 J.)
Faszinierende Tierdokumentation aus dem Urwald
Sa. + So. 15:15 Uhr

Es begann in einem Reisebüro (ab 12 J.)
Aufregender Liebesfilm mit überraschendem Ende
Täglich 18:00 Uhr

Tortellini (ab 6 J.)
Lustiger Zeichentrickfilm für die ganze Familie
Mo. + Mi. 16:00 Uhr, Sa. + So. 14:15 Uhr

Das Wochenprogramm

1 a) Wie heißt das Kino und wo ist es?

☐ Cinexx Bahnhofstraße 3 ☐ Science Bahnhofstraße 13 ☐ Cine Bahnhofstraße 3

b) Von wann bis wann gilt das Kinoprogramm?

☐ 6. 10. – 12. 10. 2008 ☐ 16.10. – 22. 10. 2008 ☐ 16. 10. – 22. 10. 2009

c) Welche Filme laufen täglich?

☐ Planet Omega
☐ Tierwelt am Amazonas
☐ Mord über den Wolken
☐ Es begann in einem Reisebüro
☐ Andreas, der Mann ohne Nerven
☐ Tortellini

Die Klasse erhält nicht zu jedem Film Eintritt.

2 Welche Filme darf die Klasse nicht sehen?

a) Schreibe die Titel auf.

____

____

b) Begründe, warum die Klasse diese Filme nicht sehen darf.

____

____

3 Für welchen Film würdest du dich entscheiden?

a) Wähle einen Film aus.
b) Beantworte die Fragen.

Wie heißt der Film? ______________________________

Was ist es für ein Film? ______________________________

Ab welchem Alter darf man ihn sehen? ______________________________

Wann wird er gezeigt? ______________________________

Die Filmplakate

**Die Klasse sieht sich im Kino die Plakate an.
Bei den Plakaten steht zu jedem Film eine kurze Zusammenfassung.**

1

2

3

4

Eigentlich wollte Kevin eine Reise an die Küste von Italien buchen. Doch im Reisebüro trifft er auf Sandra. Sie interessiert Kevin viel mehr als Strand und Sonne. Nach vielen Verwicklungen: ein Film mit Happy End!

Eine Zeitreise ins Jahr 3000 bringt den Wissenschaftler John Armstrong in eine völlig neue Umgebung. Dort benötigt er sein ganzes Wissen, um die Sprache von sonderbaren, fremden Wesen zu entschlüsseln.

So hat man den Urwald noch nicht erlebt! Der Filmbericht eines kanadischen Teams zeigt, dass unter den Bäumen und im Wasser eine faszinierende Tierwelt lebt. Besonders wertvoll!

Arabella isst gern Tortellini. Eines Tages geht sie mit ihrer Familie in die Pizzeria. Dort begegnet sie einem komischen Kellner. Und plötzlich können Tortellini ganz besondere Sachen …

Die Filmplakate

1 Sieh dir die Plakate an.

2 a) Lies die Zusammenfassungen.
b) Ordne sie den Plakaten zu. Nummeriere.

3 Ordne jeder Zusammenfassung den passenden Filmtitel zu.
Schreibe auf die Linie.

Tierwelt am Amazonas *Es begann in einem Reisebüro*

Planet Omega **Tortellini**

Die Zusammenfassungen informieren über den Inhalt der Filme.

4 Beantworte die Fragen. Schreibe ganze Sätze.

Warum geht Kevin in das Reisebüro?

Wozu braucht der Wissenschaftler John Armstrong sein ganzes Wissen?

Worüber berichtet der Film des kanadischen Teams?

Die Klasse ist nun gut über die Filme informiert.

5 Was möchten diese Schüler sehen? Schreibe den Filmtitel auf.

Anna-Lena möchte einen Science-Fiction-Film sehen.

Manuel mag Liebesfilme.

Florian interessiert sich für Tiere und Pflanzen.

Einen Comic lesen und verstehen

Tim und der Frosch

**Ein Comic besteht aus vielen Informationen.
Hier lernst du einen Comic zu lesen und zu verstehen.**

Dieser Comic handelt von Tim, seiner Mutter und einem Frosch.

Was ruft die Mutter?
Was flüstert Tim?

Damit du den Comic verstehst, musst du die Bilder in der richtigen Reihenfolge ansehen und lesen.

1 In welcher Reihenfolge musst du die Bilder vom Comic ansehen?
Male den richtigen Pfeil farbig an.

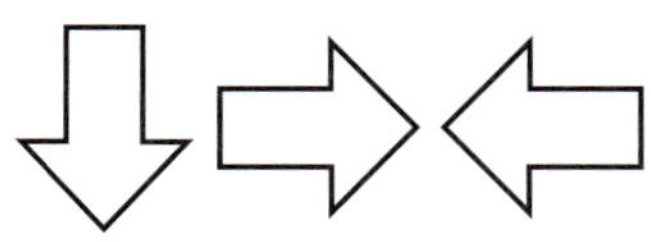

2 Wer spielt in dem Comic mit?

______ ______ ______

Die Schrift in den Sprechblasen zeigt, wie etwas gesprochen wird.

3 a) Welche Sprechblase zeigt, dass die Mutter laut ruft?

b) Welche Sprechblase zeigt, dass Tim flüstert?

Tim und der Frosch

Was macht Tim am Abend?
Was will die Mutter tun?

Plötzlich bewegt sich eine Socke.
Was denkt die Mutter?

4 Was macht eine Socke von Tim?

Eine Socke

Die Mutter läuft der hüpfenden Socke hinterher.

5 Welches Bild zeigt, dass die Mutter erschrickt?

6 Was fragt Tim?

Du hast einen Wunsch frei!

1 In welcher Reihenfolge musst du die Bilder vom Comic ansehen?
Male zwischen die Bilder Pfeile.

2 a) Wer spielt in dem Comic mit?

____________________ ____________________

b) Wo unterhalten sich die Jungen?

____

3 a) Was macht Paul auf dem dritten Bild?

Paul ________________: „Du darfst dir etwas wünschen!"
sagt/denkt

b) Was macht Paul auf dem letzten Bild?

Paul ________________: „Blödmann!"
sagt/denkt

Du hast einen Wunsch frei!

In einem Comic sind nicht immer alle Bilder gezeichnet.
Oft musst du dir selbst ein passendes Bild in den Comic denken.

4 Welches Bild passt in den Comic? Kreuze an.

☐ 

☐ 

☐ 

5 Welches Wort hilft dir bei der Auswahl des Bildes? Markiere es.

Du hast den ganzen Comic angesehen.
Jetzt kannst du die Fragen beantworten.

6 a) Was hat Paul zum Geburtstag bekommen?

____

b) Was ist das Besondere an dem Geschenk?

____

Ein Comic erzählt eine Geschichte.
Du kannst die Geschichte zum Comic aufschreiben.

7 a) Ordne die Sätze in die richtige Reihenfolge.
b) Schreibe die Sätze in der richtigen Reihenfolge in dein Heft.
Denke an die Überschrift.

- ( ) Paul sagt zu Ole: „Du darfst dir etwas wünschen."
- (1) Paul und Ole unterhalten sich. Paul zeigt Ole sein neues Handy.
- ( ) Paul denkt: „Blödmann!", und geht verärgert davon.
- ( ) Ole überlegt gut. Dann hat er eine Idee.
- ( ) Das Handy ist etwas Besonderes: Es kann Wünsche erfüllen!
- ( ) Ole sagt zu Paul: „Ich wünsche mir dein neues Handy."

Eine Sage lesen und verstehen

Dädalus und Ikarus

Wie die Insel Ikaria ihren Namen bekam

Der griechische König Minos hielt Dädalus und seinen Sohn Ikarus* auf der Insel Kreta gefangen. Sie konnten nicht mit dem Schiff fliehen, denn die Küste** wurde ständig bewacht.

Aber Dädalus war ein großer Erfinder. Deshalb hatte er eine Idee, wie er mit Ikarus fliehen konnte. Er sammelte Federn. Diese legte er der Größe nach in eine Reihe und band sie zusammen. Dann klebte er die Federkiele*** mit Kerzenwachs zusammen. So entstanden Flügel. Ikarus fragte erstaunt: „Vater, was machst du da?" Dädalus antwortete: „Wir können nicht mit dem Schiff fliehen. Deshalb baue ich Flügel. Damit können wir in die Freiheit fliegen."

Endlich waren die Flügel fertig. Um sie auszuprobieren, band Dädalus sie an seinem Körper fest. Er schwang die Flügel und hob sich vom Boden ab. Dädalus konnte fliegen! Nun musste auch Ikarus fliegen lernen. Gemeinsam übten sie. Ikarus lernte schnell. Schon bald konnte er gut fliegen.

Da sprach Dädalus: „Wir fliegen jetzt los. Aber es ist gefährlich! Du darfst nicht zu nahe am Wasser fliegen! Dann werden die Federn nass und schwer. Sie können dich nicht mehr tragen und du fällst. Und es ist gefährlich, wenn du zu nahe an die Sonne kommst. Dann schmilzt das Wachs, das die Federn zusammenhält. Fliege also immer genau hinter mir!" Ikarus versprach, vorsichtig zu sein.

* Dädalus und Ikarus sind griechische Namen

** die Grenze zwischen Land und Meer

*** der Federkiel

1 a) Lies die Fragen.
b) Markiere die Antworten im Text.
c) Schreibe die Antworten mit eigenen Worten auf. Schreibe ganze Sätze.

Warum baute Dädalus Flügel?

____

____

Warum ist es gefährlich, der Sonne zu nahe zu kommen?

____

____

Dädalus und Ikarus

Dädalus und sein Sohn Ikarus umarmten sich. Dann flogen sie los.

Dädalus flog voran. Er schaute sich immer wieder besorgt nach Ikarus um. Dieser flog ohne Schwierigkeiten hinter ihm her. Sie flogen über das blitzende Meer. Schon lag die Insel Kreta hinter ihnen. In der Ferne lag das Festland.

Nach einer Weile fühlte sich Ikarus frei wie ein Vogel. Er dachte: „Warum soll ich immer hinter dem Vater herfliegen? Ich kenne den Weg selbst und kann fliegen, wie ich will". Ohne nachzudenken, flog er höher und höher. Dädalus sah dies und rief voller Angst: „Ikarus! Komm zurück! Du kommst der Sonne zu nahe und wirst in die Tiefe stürzen!"

Aber es war zu spät! Ikarus kam der Sonne zu nahe. Das Wachs, das die Federn zusammenhielt, wurde weich. Die Federn lösten sich und fielen ins Wasser. Ikarus konnte sich nicht mehr in der Luft halten. Er stürzte in die Tiefe.

„Ikarus, Ikarus, wo bist du?", rief der Vater verzweifelt. Er schaute zum Wasser hinunter. In der Nähe einer kleinen Insel trieben Federn auf dem Wasser. Da wusste Dädalus, dass sein Sohn ins Meer gefallen war. Voller Schmerz flog Dädalus auf die Insel. Er legte seine Flügel ab und durchsuchte den Strand, bis er den toten Körper seines Sohnes fand.

Traurig begrub Dädalus seinen Sohn auf dieser Insel. In Erinnerung an Ikarus gab Dädalus der Insel den Namen Ikaria.

2 a) Lies die Fragen.
b) Markiere die Antworten im Text.
c) Schreibe die Antworten mit eigenen Worten auf. Schreibe ganze Sätze.

Wovor hatte Dädalus Angst?

____

Was sah Dädalus, als er zum Wasser hinunterschaute?

____

Wie bekam die Insel Ikaria ihren Namen?

____

Der Schatz von Schwerte

Die Stadt Schwerte hat etwas Besonderes. In der Nähe soll ein Schatz vergraben sein. Man sagt, dass ein junger Mann ihn beinahe bekommen hätte. Davon erzählt diese Sage.

1 Lies den Text. Wende dabei den Textknacker an.

→ Textknacker Klappe hinten

Der Schatz von Schwerte

Vor langer Zeit ging ein junger Mann nachts allein nach Hause. Dazu musste er durch einen Wald gehen. Er beeilte sich, denn im Wald war es dunkel und unheimlich.

Plötzlich stand eine Frau vor ihm. In ihrem langen weißen Kleid sah sie aus wie ein Geist. Der Mann erschrak sehr. Sein Herz begann laut zu schlagen. Er wollte wegrennen, doch die Frau sprach ihn mit sanfter Stimme an: „Bitte warte! Du musst keine Angst haben." Der Mann sah die Frau an. Sie sah geheimnisvoll und schön aus, aber sie sah nicht gefährlich aus. Er wurde mutig und fragte: „Was machst du hier so allein?" Sie antwortete: „Hier ist ein Schatz vergraben. Und ich muss diesen Schatz für immer bewachen. Aber wenn ich einen Menschen finde, der den Schatz holt, werde ich erlöst. Dann bin ich befreit und muss den Schatz nicht mehr bewachen." Der Mann konnte kaum glauben, was die Frau sagte. Aber er hatte keine Angst mehr. So fragte er: „Wie kann ich dir helfen und dich erlösen?" Sie antwortete: „Komm morgen Nacht allein wieder. Dann zeige ich dir alles." Der Mann versprach wiederzukommen und ging nach Hause.

Der Schatz von Schwerte

2 a) Lies die Fragen.
b) Markiere die Antworten im Text.
c) Schreibe die Antworten auf. Schreibe ganze Sätze.

Warum beeilte sich der Mann?

Wer stand plötzlich vor ihm?

Was musste die Frau bewachen?

Wie wird die Frau erlöst?

Wie versprochen, kam der Mann in der nächsten Nacht wieder.

Die Frau wartete schon auf den jungen Mann. Sie trug einen Spaten und zeigte damit auf eine dunkle Stelle: „Hier musst du graben!" Der Mann wurde misstrauisch. War dies eine Falle? Vielleicht wollte ihn jemand überfallen, während er grub? Deshalb sagte er: „Grabe selbst! Ich werde dir zusehen." Die Frau sagte kein Wort, aber sie begann ein Loch zu graben. Der Mann stand dabei und sah sich ab und zu vorsichtig um. Das Loch wurde größer und größer. Dann sah der Mann etwas glänzen. Er dachte: „Vielleicht ist hier doch ein Schatz vergraben!" Vor Gier* hielt er es nicht mehr aus. Er nahm den Spaten und grub schnell weiter. Bald sah er ein Schloss, das zu einer schweren Tür gehörte. Das Schloss glänzte wie pures Gold. Aber der Schlüssel zu dem Schloss fehlte.

* wenn jemand etwas unbedingt haben will

Der Schatz von Schwerte

Du hast den zweiten Teil der Sage gelesen.

3 Was ist richtig? Was ist falsch?

	richtig	falsch
Wie versprochen, kam der junge Mann in der nächsten Nacht wieder in den Wald.		
Der Mann wollte sich die Hände nicht schmutzig machen und ließ deshalb die Frau graben.		
Der Mann konnte in der Erde ein Schloss erkennen.		
Der Mann fand auch den Schlüssel zum Schloss.		

Der Mann drehte sich zu der Frau um, die ihn die ganze Zeit beobachtete.

„Wo ist der Schlüssel?", rief der Mann aufgeregt. Aber da öffnete sich die Tür schon von allein. „Siehst du, jetzt brauchst du keinen Schlüssel", sagte die Frau geheimnisvoll.

Hinter der Tür lag ein Keller, in dem es glänzte und schimmerte. Ohne nachzudenken, lief der Mann in den Keller. Er staunte mit großen Augen: Gold und Silber türmten sich vor ihm auf! Neben all den Schätzen lag ein kleiner schmutziger Schlüssel. Gierig stopfte der Mann das Gold und das Silber in seine Taschen. Da rief die Frau von draußen: „Vergiss das Beste nicht!" Der Mann dachte, er solle nur das Gold nehmen und das Silber liegen lassen. Das tat er auch. Die Frau rief wieder: „Vergiss das Beste nicht!" Der Mann stopfte sich noch mehr Gold in die Taschen, bis nichts mehr hineinpasste. Mit Gold in der Hand und in den Taschen schleppte er sich aus dem Keller heraus. Die schwere Tür schlug hinter ihm zu.

4 Die Frau ruft zweimal: „Vergiss das Beste nicht!"
Was meint sie damit? Lies noch einmal Zeile 45.

Der Schatz von Schwerte

Draußen vor dem Keller stand die Frau.

Die Frau seufzte und weinte: „Warum hast du den Schlüssel nicht mitgenommen? Dann hättest du wiederkommen können. Ich wäre erlöst und du wärest der reichste Mann auf der Welt!" Mit diesen Worten verschwand die Frau in der Dunkelheit.

Das Türschloss und die Kellertür hat niemand mehr gesehen. Aber man sagt auch heute noch, dass manchmal um Mitternacht eine junge Frau zu hören ist. Sie läuft herum und seufzt und weint.

5 Der Mann hat den Schlüssel nicht mitgenommen.
Was ist deshalb passiert? Schreibe auf.

→ die Frau, der Mann, nicht erlöst, nicht reich

Du hast die ganze Sage gelesen.
Jetzt kannst du den Inhalt aufschreiben.

6 a) Ordne die Sätze in die richtige Reihenfolge. Nummeriere.
b) Schreibe die Sätze in der richtigen Reihenfolge in dein Heft.
Denke an die Überschrift.

◯ Der Mann stopfte das Gold in seine Taschen, aber er vergaß das Beste: den Schlüssel. Die Frau weinte, weil der Mann sie nicht erlöst hatte.

◯ Die Frau musste für immer einen Schatz bewachen. Der Mann sollte ihr helfen, den Schatz auszugraben. Sie gruben ein Loch.

◯ Die Tür öffnete sich von ganz allein und führte in einen Keller. Im Keller türmten sich Gold und Silber.

(1) Ein junger Mann ging nachts allein durch den Wald. Plötzlich stand vor dem Mann eine Frau im weißen Kleid.

◯ In dem Loch lag ein glänzendes Schloss, aber der Schlüssel zur Tür fehlte.

Ein Buch kennen lernen

Die Titelseite und der Klappentext

**Die Klasse will gemeinsam im Unterricht ein Jugendbuch lesen.
Die Lehrerin bringt 3 Bücher zur Auswahl mit.**

1 a) Wie heißen die Titel der Bücher?

b) Wie heißt die Autorin von allen 3 Büchern?

Der Titel sagt etwas über den Inhalt des Buches.

2 Worüber könnte das Buch **Merkt doch keiner, wenn ich schwänze** erzählen? Schreibe deine Vermutungen auf. Schreibe 2–3 Sätze.

Die Titelseite und der Klappentext

Auf der Rückseite von einem Buch kannst du etwas über den Inhalt lesen. Dieser Text heißt Klappentext.

Der 15-jährige Stefan ist zu Hause völlig überfordert.
Er muss im Haushalt helfen und auf seine Geschwister aufpassen.
Er wird immer schlechter in der Schule.
Zuerst drückt er sich vor Klassenarbeiten
und dann beginnt er die Schule zu schwänzen.
Eines Tages lernt er Larissa kennen.

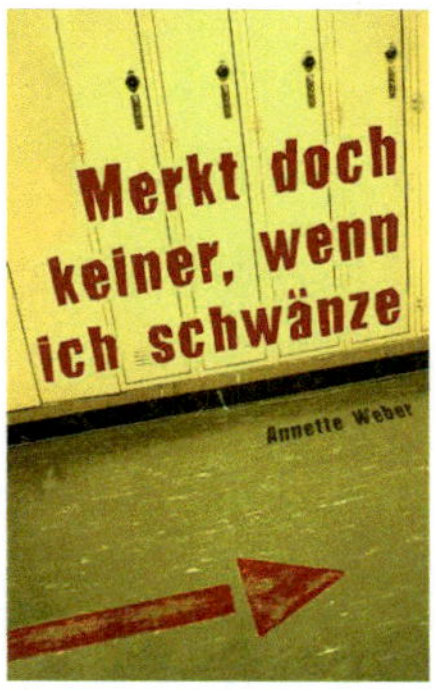

3 Beantworte die Fragen. Schreibe ganze Sätze auf.

Wie alt ist Stefan?

Was muss Stefan zu Hause machen?

Warum beginnt Stefan die Schule zu schwänzen?

Wen lernt Stefan kennen?

Der Inhalt in Kurzform

Die Lehrerin hat den Inhalt von dem Buch Merkt doch keiner, wenn ich schwänze zusammengefasst. Die Klasse liest neugierig.

1 Lies die Zusammenfassung.
Wende dabei die Schritte [2] – [7] vom Textknacker an.

→ Textknacker Klappe hinten

Merkt doch keiner, wenn ich schwänze

Stefan Seidt lebt mit seinen Eltern und seinen jüngeren Geschwistern zusammen. Sein Vater ist LKW-Fahrer. Er streitet sich oft mit der Mutter. Meistens geht es darum, dass das Geld nicht reicht. Herr Seidt verdient nicht sehr viel. Stefans Mutter arbeitet nicht, doch sie möchte wieder arbeiten. Das geht aber nur, wenn die Kinder im Haushalt helfen.

Als Frau Seidt eine Stelle als Verkäuferin bekommt, muss Stefan viele Aufgaben im Haushalt übernehmen. Damit ist er völlig überfordert. Er hat keine Zeit mehr zum Fußballspielen. Er streitet sich mit seinen Freunden. Auch in der Schule wird er immer schlechter. Zuerst drückt er sich vor Klassenarbeiten und dann beginnt er die Schule zu schwänzen.

Da lernt Stefan Larissa kennen. Larissa ist von zu Hause weggelaufen. Sie lebt auf der Straße und schläft in einem Bauwagen*. Stefan findet Larissa toll. Er fährt mit Larissa schwarz mit der S-Bahn. Er hängt mit ihr in der Fußgängerzone, im Park und auf Bahnhöfen herum. Er träumt mit Larissa davon, frei zu sein. Stefan ist mit Larissa glücklich.

* eine Art Wohnwagen, in dem sich Bauarbeiter aufhalten können

Stefan und Larissa wollen abhauen. Die beiden steigen in einen Zug. Stefan findet das Abhauen cool, aber er macht sich auch Gedanken: „Wie soll es weitergehen? Wovon sollen sie leben?“ Weil sie keine Fahrkarte haben, müssen die beiden in Frankfurt aussteigen. Larissa und Stefan suchen einen Platz zum Schlafen. Sie entdecken eine Kleingartenanlage** und übernachten in einem Gartenhäuschen. Dort werden sie von der Polizei entdeckt und mitgenommen.

** mehrere kleine Gärten auf engem Raum, die von verschiedenen Leuten genutzt werden

Frau Seidt holt Stefan ab und nimmt ihn mit nach Hause. Stefan geht wieder zur Schule. Es fällt ihm nicht leicht, aber er möchte sich anstrengen. Zu Hause ändert sich einiges. Die Geschwister Felix und Katharina werden nachmittags betreut. Auch bei Larissa ändert sich etwas. Sie kommt in ein Heim. Ihr gefällt es dort gut und Stefan besucht sie.

Der Inhalt in Kurzform

2 Worum geht es in dem Buch?

- [ ] Es geht um einen Jungen und ein Mädchen, die verreisen wollen.
- [ ] Es geht um einen Jungen, der die Schule schwänzt und mit einem Mädchen abhaut.
- [ ] Es geht um einen Jungen und ein Mädchen, die in einem Bauwagen leben.

3 In dem Buch sind 2 Personen besonders wichtig.

a) Schreibe die Namen auf.

b) Wie kannst du die Beziehung der beiden beschreiben? Zwei Antworten sind richtig.

- [ ] Sie mögen sich.
- [ ] Sie können sich nicht leiden.
- [ ] Sie sind verwandt.
- [ ] Sie sind befreundet.

4 Warum findet Stefan Larissa toll? Was vermutest du?

a) Schreibe deine Vermutung auf. Schreibe ganze Sätze.
b) Finde eine passende Stelle im Text, die deine Vermutung bestätigt. Markiere sie.

5 Was passiert in dem Buch nacheinander? Ordne die Sätze in die richtige Reihenfolge. Nummeriere.

( ) Er lernt Larissa kennen, die auf der Straße lebt. Stefan und Larissa hauen gemeinsam ab.

( ) Die Polizei entdeckt die Jugendlichen in einer Kleingartenanlage. Stefan kehrt wieder nach Hause zurück.

(1) Die Mutter von Stefen möchte wieder arbeiten. Deshalb muss Stefan im Haushalt helfen.

( ) Stefan wird in der Schule immer schlechter und beginnt zu schwänzen.

Das kann ich!

Wörter aus dem Textzusammenhang erschließen

Stoppt die Jagd auf Haie!

→ Textknacker Klappe hinten

Nach **Ansicht** von Tierschützern muss die Jagd auf Haie dringend eingeschränkt werden. Die Tierschützer meinen, dass Haie nicht mehr gejagt werden dürfen. Denn Riesenhaie, Walhaie und Weiße Haie sind vom Aussterben bedroht.

Aber **weltweit** steigt die **Nachfrage** nach Haifischfleisch. Immer mehr Menschen auf der ganzen Welt wollen Lebensmittel kaufen, die aus Haien hergestellt werden. Tierschützer verurteilen den Verkauf von Haifischfleisch. Sie fordern die **Verbraucher** auf, kein Haifischfleisch zu kaufen. Sie wollen, dass die Käufer keine Lebensmittel aus Haifischfleisch kaufen.

In dem Sachtext sind 4 Fachwörter hervorgehoben.
In dem Sachtext steht auch, was die Fachwörter bedeuten.

1 Kreuze die richtige Bedeutung an.

Zeile 1: **die Ansicht**

☐ die Meinung ☐ das Foto ☐ die Angst

Zeile 7: **die Nachfrage**

☐ die Antwort ☐ das Gespräch ☐ der Kaufwunsch

Zeile 11: **die Verbraucher**

☐ die Verkäufer ☐ die Käufer ☐ die Tierschützer

2 a) Finde im Sachtext, was **weltweit** bedeutet.
b) Markiere die Bedeutung.
c) Schreibe die Bedeutung auf.

Das kann ich! Eine Tabelle lesen

Im Jugendzentrum gibt es viele verschiedene Angebote für Mädchen und Jungen. Ein Plan zeigt, welche Angebote es gibt.

Montag	14:00–17:00 Uhr Fahrradreparatur für Mädchen	17:00–19:00 Uhr Billard für Jungen (ab 14 Jahre)
Dienstag	14:00–15:30 Uhr Hilfe am PC für Jungen	16:00–18:00 Uhr Tischtennis
Mittwoch	14:30–16:00 Uhr Hip-Hop-Kurs (ab 13 Jahre)	16:00–17:30 Uhr Fußball für Mädchen (13–15 Jahre)
Donnerstag	14:00–15:30 Uhr Internet-C@fe für Mädchen	16:30–18:00 Uhr Musikgruppe (ab 14 Jahre)

1 Markiere im Plan
- rot: die Angebote nur für Mädchen
- blau: die Angebote nur für Jungen
- grün: die Angebote für Mädchen und Jungen

2 Wann finden die Angebote statt?
Schreibe den Wochentag und die Uhrzeit auf.

Wann können Mädchen Fußball spielen?

Wann gibt es für Jungen Hilfe am PC?

Wann können Mädchen ihre Fahrräder reparieren?

Wann findet der Hip-Hop-Kurs statt?

Wann können Jungen ab 14 Jahre Billard spielen?

Das kann ich! Texte über Berufe lesen

Wenn ein Haus entsteht, arbeiten verschiedene Handwerker daran.

1 Schreibe zu jeder Aussage den richtigen Beruf.

der Maurer der Fliesenleger der Elektroniker der Maler

Ich lege Fliesen in der Küche und im Badezimmer.
Ich lege auch Fliesen in Hotels und Schwimmbädern.

Ich bin ______________________

Ich mauere die Wände aus Stein.
Ich arbeite oft im Freien.

Ich bin ______________________

Ich streiche die Wände und sorge für frische Farbe.
Ich mische die Farben.

Ich bin ______________________

Ich lege im Haus
die elektrischen Leitungen.
Ich montiere die Steckdosen für den Strom.

Ich bin ______________________

Fabian erzählt von seinem Beruf als Dachdecker.

Ich baue das Gerüst für das Dach. Dieses Gerüst nennen wir Dachstuhl. Ich muss die Balken für den Dachstuhl sägen. Die Balken müssen die richtige Länge haben. Ich muss sorgfältig sägen. Zusammen mit den anderen Zimmerleuten befestige ich die Balken. Ich muss also gut im Team arbeiten. Und ich muss schwindelfrei sein, denn ich arbeite oft in großer Höhe.

2 Was bedeuten diese Wörter und Wortgruppen?
Kreuze die richtige Bedeutung an.

Zeile 2: **der Dachstuhl**

☐ ein Stuhl auf dem Dach ☐ ein Gerüst für das Dach

Zeile 4: **sorgfältig sägen**

☐ genau sägen ☐ schnell sägen

Zeile 5: **im Team arbeiten**

☐ zusammenarbeiten ☐ alleine arbeiten

Zeile 6: **schwindelfrei sein**

☐ kein Kopfweh haben ☐ keine Angst vor großer Höhe haben

Das kann ich! Ein Kinoprogramm lesen

Sven und Carla wollen gemeinsam ins Kino.
Das Kinoprogramm informiert darüber, welche Filme im Kino laufen.

Cinexx
Am Marktplatz 7
Telefon: 9876-5432
Kinoprogramm vom 13.–20.11.2008

August am Meer (ab 12 J.)
Romantischer Film über die erste Liebe
Täglich 17:30 + 20:00 Uhr

Das Leben ist kein Ponyhof (ab 6 J.)
Lustiger Zeichentrickfilm für die ganze Familie
Sa. + So. 14:30 Uhr

Tod auf dem Mount Everest (ab 16 J.)
Spannender Krimi mit großartigen Schauspielern
Mi + Do. 19:30 Uhr, Fr. 20:15 Uhr

Hier und jetzt (ab 12 J.)
Gelungene Dokumentation über die Olympischen Spiele 2008
Täglich 18:00 Uhr, Sa. + So. auch 15:00 Uhr

1 a) Wie heißt das Kino und wo ist es?

☐ Science Am Marktplatz 7 ☐ Cinexx Bahnhofstraße 3 ☐ Cinexx Am Marktplatz 7

b) Von wann bis wann gilt das Kinoprogamm?

☐ 13.–20.12.2008 ☐ 13.–20.11.2008 ☐ 13.–20.11.2009

2 Welche Filme laufen täglich? Schreibe die Titel auf.

____

____

Das kann ich! Einen Comic lesen

Lisa und Clara sind allein zu Hause.

1 In welcher Reihenfolge musst du die Bilder vom Comic lesen? Male zwischen die Bilder Pfeile.

2 Sieh dir die Bilder genau an. Wer spielt in dem Comic mit?

______ ______ ______

3 Was fragt Lisa nacheinander? Nummeriere in der richtigen Reihenfolge.

◯ die Kellertür ◯ das Fenster ◯ die Wohnungstür

4 Was fragt der Hund Rex auf dem vierten Bild? Ergänze den Satz.

Der Hund Rex fragt: „________________________________?"

Der Comic erzählt eine Geschichte.

5 Was ist das Lustige an der Geschichte? Schreibe auf.

Das kann ich!   Eine Sage lesen

Wie die Insel Ikaria ihren Namen bekam

Dädalus und sein Sohn Ikarus waren auf der Insel Kreta gefangen. Aber Dädalus hatte eine Idee: Er baute aus Federn und Wachs Flügel. Damit wollten Dädalus und Ikarus in die Freiheit fliegen.

Dädalus sagte zu seinem Sohn: „Fliege nicht zu nah an die Sonne, sonst schmilzt das Wachs."

Dann flogen Dädalus und Ikarus los. Nach einer Weile flog Ikarus immer höher. Er kam zu nah an die Sonne. Die Federn lösten sich und fielen ab. Ikarus stürzte in die Tiefe. Dädalus rief verzweifelt nach seinem Sohn. Er sah in der Nähe einer Insel Federn auf dem Wasser und wusste, dass sein Sohn ins Meer gefallen war.

Dädalus flog auf die Insel und fand den toten Körper von Ikarus. In Erinnerung an Ikarus gab Dädalus der Insel den Namen Ikaria.

1 Was passiert in der Sage von Dädalus und Ikarus nacheinander?

a) Ordne die Sätze in die richtige Reihenfolge. Nummeriere.
b) Schreibe die Sätze in der richtigen Reihenfolge auf.

◯ Das Wachs in den Flügeln schmolz und Ikarus stürzte in die Tiefe.

◯ Mit den Flügeln wollten sie in die Freiheit fliegen.
Aber Ikarus kam der Sonne zu nah.

◯ Dädalus und sein Sohn Ikarus waren auf einer Insel gefangen.
Dädalus baute Flügel aus Federn und Wachs.

◯ Dädalus fand den toten Körper von Ikarus auf einer Insel.
Dieser Insel gab Dädalus den Namen Ikaria.

Das kann ich! Ein Buch kennen lernen

Hier liest du den Anfang der Zusammenfassung von dem Buch
Im Chat war er noch so süß.

Im Chat war er noch so süß

→ Textknacker Klappe hinten

Die vierzehnjährige Sarah ist enttäuscht: Sie hat keinen Freund. Alessandro, ein Freund von ihr, schlägt ihr vor zu chatten. Denn im Chat lernt er schnell Leute kennen. Allerdings ist nicht jeder im Chat ehrlich.

Gespannt meldet Sarah sich bei einem Chat an. Ihre ersten Erfahrungen sind ernüchternd: Sarah probiert deshalb einen weiteren Chat aus.

Im Chat ihrer Stadt lernt Sarah Sonnenkönig kennen. Sonnenkönig ist ein junger Mann und heißt Sven. Auf seine Fragen gibt Sarah keine ehrlichen Antworten. Sie sendet ein Foto und behauptet, die hübsche Rebecca zu sein.

Am selben Abend klingelt das Telefon von Sarah. Rebecca ruft an. Sie wird von einem jungen Mann bedroht, der vor ihrer Haustür steht …

1 Worum geht es in dem Buch? Schreibe einen Satz.

2 In dem Buch ist eine Person besonders wichtig.
Schreibe den Namen auf.

3 a) Warum will Sarah chatten?

b) Warum lügt Sarah im Chat?